U0106953

你想要嗎？

擦一擦阿拉丁神燈，它產生的薄荷香味
就會帶領你去學習「開心魔法」！

# 目錄

前言：

《開心法術》這本書是我Kat Lai的畢生經歷，再融合催眠治療及香薰治療的專業知識，讓讀者們能夠學習開心的「魔法」。你想變成「開心魔法師」獲得開心法術，並把這種快樂的魔法授予他人嗎？我是個樂於助人的催眠治療導師。所以，我衷心希望更多人能從閱讀這本書受惠。正因如此，這本書是我今年

舉辦的慈善項目「尋覓燭光·燃點希望」的一部分，而義賣的收益扣除開支會全數撥冗此慈善項目。這個慈善項目將為三大受惠對象籌款，分別是病童、癌症病人及臨終老人。大家不妨密切留意我們慈善活動的動向。

多謝支持！

第一章節：
開心法術

這本《開心法術》迷你版，就是讓父母可以跟他們的孩子一起閱讀，從小時候便可以開始學習這個「開心法術」，用心去感受人生，創造將來！希望你們會喜歡這個親子的過程，為孩子創造快樂的未來！

Mermaid

特別要感謝這位來自台灣的「美人魚老師」王仁妤的漂亮插畫，讓我可以出版一本給小孩看的「開心法術」，真是太幸福了！

讓我們一起開始
這個開心旅程吧！

Mermaid

第二章節：
「極致五感享受芳香玫瑰」

當你拿起一朵鮮豔的紅玫瑰，並貼近自己的鼻子一嗅，便會發現一種由心而發的滿足及喜悅感。玫瑰花瓣掉落在你的手心。你不禁慨嘆萬物生命的美妙之處。

第三章節：

「鬼怪萬聖」

生、老、病、死為必經階段。面對未知也要勇敢往前，不要逃避。要知道你並不是孤單一人，你還有親人呢！

## 第四章節：
## 「仙境旅程」

你敢於將《愛麗絲夢遊仙境》的愛麗絲般遇到未知的事情都積極面對嗎？你會嘗試一個寫著「Eat me」的蛋糕及嚐嚐「Drink me」的飲料嗎？你敢於抱著一份信心及勇氣隻身打敗蛟龍嗎？

## 第五章節：
## 「飄雪樂園」

快樂其實十分簡單。一整天堆砌雪人、互拋雪球、建築冰屋也是人生一大樂事呀！抬頭望向天際，你會感恩當下。

Mermaid

第六章節：
「春天樂章」

冬天過去了，迎來的是溫暖的春天。一覺醒來，深深吸一口氣，再慢慢呼出。整個人也精神不少。新的一天又來臨了，別沉溺於昨日的夢境！睜開雙眼，好好享受每一天吧！

第七章節：

「綠野遊踪」

當你感到身心疲累的時候，不妨帶同你的家人及寵物到郊外野餐吧！好好享受這風和日麗的美好天氣！

Mermaid

第八章節：
「賽姬戀曲」

在神話故事中，凡人美女賽姬因為一時的好奇而冒犯了她的情人天使丘比特。你又會否在你的人生路上因為滿足自己當刻的衝動，而不慎冒犯別人呢？你又能否駕馭得到洪水猛獸般的好奇心？

Mermaid

第九章節：
「浮遊童心」

有沒有看過黃色橡皮小鴨在水面漂流呢？無論它身處在什麼地方，它都總是正面積極地向前游，向未知領域探索。你能像它一樣勇敢嗎？

Mermaid

第十章節：
「皇家奇想」

你有沒有心中畏懼的事物呢？有時候，放鬆心情，不要抱有介懷的心去面對世事，那麼你便會安然面對任何事。放鬆點吧！

## 第十一章節：
## 「櫻樺傾城」

在日本遊歷的我和家人失散了。我在櫻花大街四周探索，心中焦急不已。我焦急，但我知道哭泣是無補於事的。我冷靜下來，找附近觀光中心的職員幫助我。咦！原來父母正在等我呢！對，面對困境時，讓自己平靜下來，找最佳處理辦法。

## 第十二章節：
## 「玫瑰傳說」

《美女與野獸》的故事中，女主角貝兒沒有跟從世俗的眼光去挑選自己的配偶。假若你身處她的處境，你會如貝兒般果斷拒絕自己不喜歡的，抑或隨波逐流，讓別人為自己選擇？

第十三章節：
「優遊饗宴」

你有否想過將來在自己在私人遊艇上享用美食，優哉悠哉的寫意生活？為何不可呢？只要你把想法變成計劃，努力實踐，那麼你便會擁有更多了！

Mermaid

## 第十四章節：
## 「不朽純真」

傳說中，只有純潔的小孩子才會見到獨角獸。在現實生活中的你，又會否為了自己的私心辜負別人呢？你會不會成為打獵獨角獸的獵人？

Mermaid

第十五章節：
「花弦之願」

當你面對著一個又一個的挫敗時，
你要振作，要堅強。當你心存期望
及希望時，花仙子才會親近你，予
你最好的祝福。你相信自己嗎？

Mermaid

## 第十六章節：
## 「擁抱潘多拉」

希望你將來做什麼職業呢？你相信自己能做到嗎？只要心存希望，便能使自己有動力去實踐願望，繼而為人生的理想去奮鬥。

Mermaid

畫出你心中的「開心魔法」吧！

擦一擦神燈，讓阿拉丁回去吧！
聞著薰衣草的香味，放鬆心情，
　你已經學會「開心法術」了！

開心法術（迷你版）

作者　　　：Kat Lai
封面　　　：Vince Cheung
插畫　　　：王仁妤（Mermaid）
排版　　　：Edith Cheung
出版　　　：Ego Press Company
　　　　　　九龍紅磡鶴園東街4號恆藝珠寶中心1213室
　　　　　　info@ego-press.com
　　　　　　http://www.ego-press.com
發行　　　：聯合書刊物流有限公司
　　　　　　香港新界大埔汀麗路36號中華商務印刷大廈3字樓
印刷　　　：禾麥印刷紙品有限公司
　　　　　　香港柴灣利眾街34號寶源工業大廈5樓
出版日期　：2018年7月
圖書分類　：心靈
ISBN　　　：978-988-14841-7-8
定價　　　：港幣168元正

文字版權 © Kat Lai
插畫版權 © 王仁妤

All Rights Reserved
版權所有，不得翻印